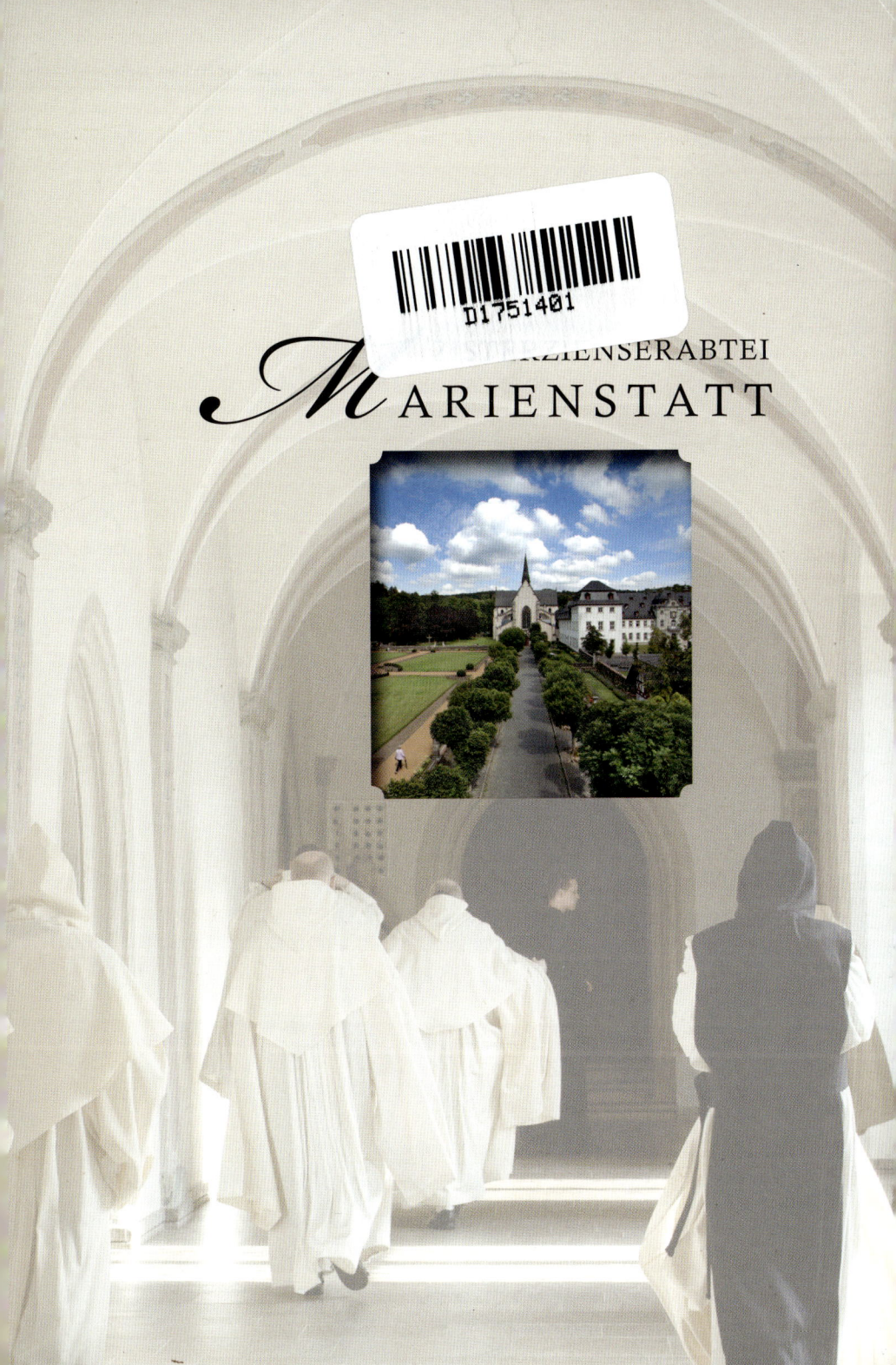

ZISTERZIENSERABTEI
Marienstatt

Verlag
Éditions du Signe - B.P. 94
F-67038 Strasbourg Cedex 2
France
Tel (33) 03 88 78 91 91
Fax (33) 03 88 78 91 99

Director of Publication: Christian Riehl
Publication Assistant: Jean-Paul Erckert
Literatur:
Eberl, Immo: Die Zisterzienser. Stuttgart: Thorbecke, 2007.
Abtei Marienstatt. (Rheinische Kunststätten, Heft 437).
Köln: Rheinischer Verein f. Denkmalpflege und Landschaftsschutz, 2008.
Ein Lied, das froh im Herzen jubelt.
Texte der spirituellen Erfahrung der frühen Zisterzienser.
Heiligenkreuz: Be&Be-Verlag 2010.

Photos: Yvon Meyer
Layout: Sylvie Tusinski

Zisterzienserabtei Marienstatt
D-57629, Marienstatt
Tel: 02.662.95350

Gedruckt in E.U.

(c) Éditions du Signe, 2012 - Ref : 107433
ISBN 978-2-7468-2757-8
All rights reserved

Inhalt

4 • Marienstatt – ein geistlicher Ort

7 • Der Zisterzienserorden

11 • Cîteaux und seine monastische Berufung

15 • Geschichte mit Höhen und Tiefen

18 • Die Säkularisation

25 • Die neuere Geschichte

30 • Die Abteikirche und ihre Geschichte in den ersten Jahrhunderten

37 • Die Abteikirche in der Barockzeit

40 • Die Abteikirche nach der Wiederbesiedlung

43 • Die Kirche von Marienstatt als typische Zisterzienserkirche

45 • Das Kloster - der Lebensraum des Mönchs

47 • Das Kloster – ein Gotteshaus

ZISTERZIENSERABTEI MARIENSTATT

MARIENSTATT

ein geistlicher Ort

Wer heute, von Hachenburg, Westerburg oder Betzdorf kommend, die Klostergebäude von Marienstatt im Tal der Großen Nister erblickt, der ahnt etwas von der bewegten Geschichte dieses Ortes, der seit den Anfängen „Stätte Mariens" genannt wird. Die Gründung der Mönchsgemeinschaft um das Jahr 1212 durch die begüterte Adlige Aleydis von Molsberg und ihren Ehemann Eberhard von Aremberg und die Unterstützung des Erzbischofs von Trier, in dessen Bistum der erste Klosterbau errichtet wurde, sollte sicherstellen, dass die Stifter und ihre Familien immer auf den geistlichen Beistand der Zisterzienser zählen konnten. Dafür hatten sie der Abtei Heisterbach im Siebengebirge, dem Mutterkloster von Marienstatt, erhebliche Mittel zur Verfügung gestellt. Auf dem Grund und Boden der Familie von Molsberg im

Statue des hl. Joseph, im Hintergrund ein Ableger des Marienstatter Weißdornstrauchs

Bereich des heutigen Altenklosters bei Kirburg sollte ein neues Mönchskloster errichtet werden. Doch der Ort war schlecht gewählt, und nach wenigen Jahren musste die junge Neugründung mit großen wirtschaftlichen Problemen kämpfen. Die Krise spitzte sich so zu, dass an ein Fortbestehen des Klosters nicht mehr zu denken war. Die kleine Gemeinschaft erwog schon eine Rückkehr nach Heisterbach, als sich durch ein wunderbares Ereignis neue Perspektiven auftaten. Dem Abt Hermann erschien eines Nachts die Gottesmutter Maria, die Patronin der Zisterzienser, und trug ihm auf, mit seinen Mitbrüdern im Tal der Nister nach dem Ort zu suchen, an dem sie ihr Kloster errichten sollten. Ein - mitten im Winter - blühender Weißdornstrauch würde die Stelle kennzeichnen, an der die Gemeinschaft den Neubeginn wagen könne. Tatsächlich fanden die Mönche diesen von der allerseligsten Jungfrau bezeichneten Ort. Sie nannten ihn deshalb „Locus Sanctae Mariae" – Stätte Mariens. Sein Wappen trägt bis heute den blühenden Weißdornzweig auf blauem Grund.

ZISTERZIENSERABTEI *Marienstatt*

Der Zisterzienserorden

Hl. Robert von Molesme, Gründerabt von Cîteaux. Holzskulptur im Treppenhaus

Der Orden, dem die Gemeinschaft angehört, war um 1212 etwas über hundert Jahre alt. Ein burgundischer Edelmann, der hl. Robert, Abt des Benediktinerklosters Molesme, hatte das Urkloster der „Zisterzienser", das zuerst nur „Neues Kloster" genannt wurde, im Jahre 1098 südlich von Dijon gegründet. Später würde man es nur noch Cîteaux, lat. Cistercium, nennen und so sollten auch die Mönche und Nonnen, die sich auf dieses Kloster berufen, zu ihrem Namen kommen. Sie wollten sich als Reformmönche wieder stärker an ihren apostolisch-monastischen Ursprüngen orientieren, die bis in die ersten christlichen Jahrhunderte zurückreichen. Damals antworteten überzeugte Christen auf den Ruf Gottes, das Evangelium auf radikalere Weise zu leben, und zogen sich in die Wüsten Ägyptens und Palästinas zurück. Ihre Vorbilder waren der hl. Prophet

Elias und der hl. Johannes der Täufer, die vom Heiligen Geist in die Einsamkeit gerufen wurden und diesem Ruf hochherzig gefolgt waren. Die Gründer von Cîteaux befolgten die Regel des hl. Benedikt, des großen westlichen Mönchsvaters, der im sechsten Jahrhundert lebte, und die frühmonastischen Ideale der Wüstenväter. Ihr Lebensmodell zeichnet sich durch Ausgewogenheit und Maßhaltung aus, dessen einzige Maßlosigkeit die Suche nach einer tieferen Gottesliebe ist. Um die Ziele ihrer Berufung auch für die späteren Generationen sicherstellen zu können, erwirkte der hl. Alberich, der Nachfolger des hl. Robert als Abt von Cîteaux, von Papst Paschalis einen Schutzbrief, der der jungen Klostergemeinde auch äußerlich Stabilität verleihen sollte. Der dritte Abt von Cîteaux, der hl. Stephan Harding, verfasste schließlich die „Carta Caritatis", die Urkunde der Liebe, die bis heute das einigende Band aller Zisterzienserklöster ist. Sie entwirft unter anderem einen grundlegenden Wesenszug der zisterziensischen Verfassung: das

Filiationsprinzip. Jede Gemeinschaft wird durch ihre Gründung zur Tochter eines Mutterklosters, welches wiederum in einer Ahnenreihe steht, die sich bis auf Cîteaux zurückverfolgen lässt. Heisterbach, die Mutter von Marienstatt, ist eine Tochter des Eifelklosters Himmerod, einer direkten Gründung des ersten und berühmtesten Abtes von Clairvaux, des hl. Bernhard, der um 1113 in Cîteaux eingetreten war. Als wortgewaltiger und charismatischer Abt und kirchenpolitisch tätiger Prediger gilt er bis heute als die bekannteste Gestalt der Zisterzienser.

*Christus umarmt den hl. Bernhard von Clairvaux.
Gemälde im Kreuzgang des Klosters*

Die große Blütezeit des Ordens bis in die zweite Hälfte des zwölften Jahrhunderts wird häufig „bernhardinisches Zeitalter" genannt, da bis zum Tode Bernhards (1153) in Europa ein Netz von Zisterzienserklöstern – von Männer- und Frauengemeinschaften – entstanden war, das von den damals noch heidnischen Ostgebieten über Norwegen, Irland und Portugal bis nach Sizilien, später sogar bis in den Nahen Osten und Griechenland reichte.

ZISTERZIENSERABTEI *Marienstatt*

Cîteaux und seine monastische Berufung

Die besonderen Kennzeichen der Zisterzienserberufung lassen sich klar formulieren: Arm dem armen Christus nachfolgen, Zurückgezogenheit, Einsamkeit und Schweigen, nach den überlieferten Bräuchen des alten Mönchtums mit einem ausgewogenen Tagesablauf von Gottesdienst, Lesung und Arbeit, in einer Gemeinschaft, die nach dem Modell der Apostel eine Kirche im Kleinen darstellt, unter dem Anspruch, durch Handarbeit und Eigenbewirtschaftung selbst für den Lebensunterhalt zu sorgen. Außerdem nahmen die Zisterzienser auch Laien in ihre Gemeinschaften auf, die nicht die Mönchsgelübde, also Gehorsam, klösterlichen Lebenswandel und Beständigkeit am einmal gewählten Ort, sondern lediglich ein Gehorsamsversprechen ablegten. Sie gehörten ganz zur Gemeinschaft, obwohl sie eigenen, flexibleren Regeln folgen durften.

Zeige uns doch, Herr, Dich selbst. Du weißt doch, dass wir uns heute nach nichts anderem sehnen als nach Dir; und dass wir nichts lieben außer Dir, und Dich um Deinetwillen. Wir sind mit unserem Geist ganz und mit unserem Leib fast ganz aus der Welt ausgewandert, um frei von allem Dich zu suchen.

(Isaak von Stella: 36. Predigt)

Als Marienstatt gegründet wurde, hatte sich aus dem bescheidenen Neuen Kloster Cîteaux schon ein kräftiger und finanziell unabhängiger Orden entwickelt. Das europäische Netz seiner Klöster war ein nicht zu unterschätzender politischer Faktor, den die Mächtigen nicht ohne weiteres außer Acht lassen konnten. Reiche Stiftungen, durch die die Klöster teilweise finanziert und am Leben erhalten wurden, gaben bald Anlass zu Streitigkeiten und

Unfrieden. Auch die inneren Werte standen auf dem Prüfstand, als die äußere Entwicklung und neue theologische Strömungen Facetten der Frömmigkeit und Wissenschaft beleuchteten, die der Gründergeneration von Cîteaux noch unbekannt waren.

Umstritten waren besonders einige Grundzüge der monastischen Askese, also die alten Überlieferungen der Gründergeneration von Cîteaux. Auch die familiären Beziehungen zwischen den einzelnen Klöstern im Zisterzienserorden, die kein Ansehen von Person oder Volkszugehörigkeit kannten, sind dazuzurechnen. All das führte zu Zwistigkeiten und Dissonanzen. Folge war vom 15. Jahrhundert an die Bildung regionaler Zusammenschlüsse von Klöstern. Und bald sollten einzelne Klöster sich nicht mehr nur nach Regionen, sondern nach disziplinären Gesichtspunkten zusammentun – die Bewegung der „strengeren Observanz" entstand, zu deren berühmtester Vertreterin ab dem 18. Jahrhundert die Zisterzienserabtei *La Trappe* in der Normandie wurde, die im 19. Jahrhundert den Neuanfang des Zisterzienserlebens in Frankreich und weit darüber hinaus sicherstellen sollte. Auch die

*Josephsaltar
in der Abteikirche*

Schaut auf das ewige Licht, das sich für eure Blicke so gedämpft hat, dass sich auch einer mit schwachen und trüben Augen dem nahen kann, der im unzugänglichen Licht wohnt.

•

(Guerric von Igny: 2. Epiphaniepredigt, 1)

Wiederbelebung der seit der Französischen Revolution und der Säkularisation weitestgehend dezimierten Zisterziensergemeinschaften im deutsch-österreichisch-ungarischen Raum verdankt dieser aus Frankreich kommenden Erneuerungsbewegung wesentliche Anstöße.

Heute darf sich Marienstatt als Glied einer internationalen zisterziensischen Gemeinschaft von etwa 7000 Schwestern und Brüdern in mehr als 360 Klöstern sehen, die je nach historischer Zugehörigkeit und Mentalität der monastischen Berufung in unterschiedlicher Weise gerecht zu werden versuchen.

Es gibt einen Raum, wo man entdeckt, dass Gott in seiner Stille und Ruhe gegenwärtig ist. Das ist nicht der Raum, wo Gott uns als Richter oder Lehrer, sondern wo er uns als Bräutigam begegnet. …
O Stätte wahrer Ruhe!...
Hier schaut man Gott nicht wie im Zorn erregt oder wie von Sorgen zerrissen, sondern hier erweist sich sein Wille als gut, als wohlgefällig und als vollkommen.
•
(Bernhard von Clairvaux: 23. Hoheliedpredigt, 15)

ZISTERZIENSERABTEI *Marienstatt*

Geschichte mit Höhen und Tiefen

Den lange anhaltenden Kämpfen um innere und äußere Werte im Zisterzienserorden entsprachen Bedrängung und Anfeindung im Kleinen. In Marienstatt verlief die Geschichte nicht weniger turbulent. Die Klostergemeinschaft sah sich Jahrhunderte lang mit Forderungen adliger Familien konfrontiert, die Besitzansprüche stellten und alte Klosterprivilegien nicht hinnehmen wollten.

Bis ins 18. Jahrhundert hinein wurden immer wieder Prozesse geführt, das Kloster wurde bedroht, überfallen und ausgeraubt. Die Grafen von Sayn-Hachenburg hatten bis kurz vor der Aufhebung der Mönchsgemeinde in Folge der Säkularisation versucht, dem Kloster Land und Besitz streitig zu machen. Doch nicht nur Willkür und Gier, auch Krankheit und Tod forderten im Lauf der Jahrhunderte ihren Tribut. So hatte

Alte Nisterbrücke

Blick auf die Kirche und die barocken Klostergebäude

die Pest im Jahr 1485 der Zisterziensergemeinschaft von Marienstatt dermaßen zugesetzt, dass die notwendig gewordene Abtswahl auf einen der zahlreichen klösterlichen Gutshöfe der weiteren Umgebung, nach Arienheller, verlegt werden musste. Schließlich hatte die Reformation unselige Folgen für die Klostergemeinde. Neben der Spaltung der Gemeinschaft ergaben sich Schwierigkeiten mit dem Landesherrn, der die protestantische Lehre angenommen hatte. Der Dreißigjährige Krieg trieb katholische und evangelische Völker gegeneinander. Im Jahr 1625 plünderten Soldaten Marienstatt, brachen Kirche und Sakristei auf, leerten die Vorratsräume und stahlen alle Wertgegenstände, derer sie habhaft werden konnten. In den folgenden Jahrzehnten sollte sich das Kloster allerdings noch einmal erholen. Unter Abt Petrus Emons (1734-1751) wurde der barocke Neubau fertig gestellt, der an die Stelle der maroden gotischen Klosteranlage trat.

Doch eine weitere schwere Plünderung des Klosters ereignete sich schon während der Koalitionskriege. In den Jahren 1795 bis 1798 suchten Horden von plündernden Soldaten, zumeist Franzosen, Marienstatt heim und bedrohten die Mönche und die Bauern der Umgebung. Sie verwüsteten die Klostergebäude und die Kirche und stellten hohe Geldforderungen.

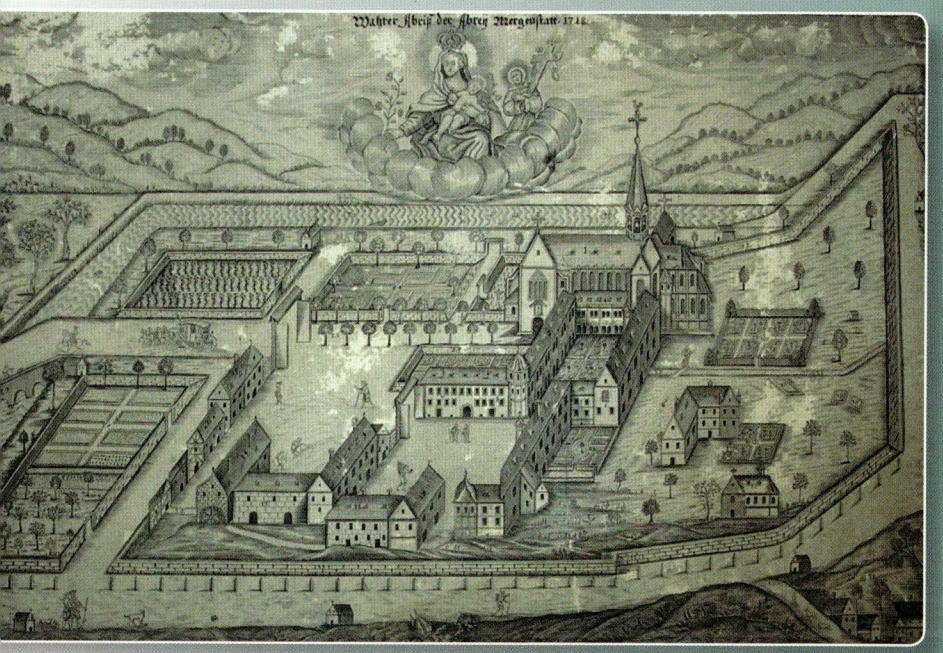

Kupferstich Abtei Marienstatt 1718

ZISTERZIENSERABTEI *Marienstatt*

Die Säkularisation

Die schwierigen Umstände waren einem ruhigen und geregelten Gemeinschaftsleben am Ende des 18. Jahrhunderts wenig förderlich. Nach einigen Jahren mühevollen Wirtschaftens folgte im Oktober 1802 die Säkularisation durch die Regierung von Nassau-Weilburg infolge des Reichsdeputationshauptschlusses. Das Kloster wurde aufgelöst, die Mönche vertrieben und für die Gebäude wurde nach einträglichen Nutzungsmöglichkeiten gesucht. Nur drei Priestermönche, P. Ignatius Gilles, P. Christian May und der greise P. Anton Clemens, durften in Marienstatt bleiben.

Die Gebäude wurden verkauft und teilweise zur Fabrik umfunktioniert. Die Kirche aber wurde 1831 Pfarrkirche des Sprengels Marienstatt im neuerrichteten Bistum Limburg. Das bewahrte sie vor der Zerstörung. Erst im Jahr 1864 gingen die Gebäude wieder in kirchlichen Besitz über. Die Ordensgemeinschaft der Väter vom Heiligen Geist errichtete in Marienstatt eine Studienanstalt. Ab dem Jahr 1873 unterhielt schließlich das Bistum Limburg in den Räumlichkeiten eine Erziehungsanstalt für Jugendliche.

Neues Leben: 1888 konnten Zisterzienser aus Wettingen-Mehrerau das Kloster zurückkaufen und wiederbesiedeln. Fünf Mönche und drei Konver-

Jugendliche und Erzieher um 1880

Ostansicht von Marienstatt vor 1896

sen dieser Schweizer Abtei, die selbst nach der Säkularisierung auf österreichischen Boden verlegt werden musste, kamen unter der Leitung ihres Priors P. Dominikus Willi nach Marienstatt.

Mit viel Idealismus versuchten sie in den darauf folgenden Jahren, die Schäden an Kirche und Gebäuden zu beheben. Marienstatt wurde erste Tochter von Wettingen-Mehrerau, es war die erste Wiederbesiedlung eines Zisterzienserklosters rechts des Rheins nach dem Kulturkampf.

Bald nach der Stabilisierung der jungen Gemeinschaft, die 1890 mit P. Dominikus Willi ihren ersten Abt nach der Säkularisation erhalten sollte, konnten Wettingen-Mehrerau und Marienstatt die historisch bedeutsame „Oberdeutsche Kongregation des Zisterzienserordens" unter dem Namen der „Schweizerisch-Deutschen Kongregation" wiederbeleben. Sie besteht bis heute als „Mehrerauer Zisterzienserkongregation" und umfasst einundzwanzig Männer- und Frauenklöster in Deutschland, Kroatien, Österreich, Slowenien, der Schweiz, Tschechien und in den USA.

Das Hauptaugenmerk der neuen Marienstatter Zisterziensergeneration lag auf der Pflege des monastischen Lebens, wie es in der Tradition der Schweizer Abteien in Wettingen-Mehrerau geführt wurde.

„Sieben Mal am Tag, so sagt der Prophet, singe ich dein Lob." (Ps 118,164). Ihr jedoch, Gott geweihte Seelen, sollt vielmehr sagen: „immer". „Sieben Mal" der feierlichen Stundengebete wegen, „immer" aufgrund der Lieder und Psalmengesänge eurer Herzen.

•

(Gilbert von Hoyland: Cant 18,1)

Mönche während der Vesper im Chorgestühl

Das feierliche Chorgebet, der nächtliche Gottesdienst, zahlreiche Fast- und Abstinenztage, ein aufmerksam beobachtetes Stillschweigen und ein gepflegtes Gebetsleben gehörten ebenso dazu wie handwerkliche und landwirtschaftliche Arbeit für Mönche und Konversen. Dem regen wissenschaftlichen Forschen einzelner Mönche ist es zu verdanken, dass eine gut ausgestattete Bibliothek entstand, die 1910 in einem neu erbauten Gebäude an der Südseite des Abteihofs untergebracht wurde.

Die Klosterbibliothek

Abt Dominikus Willi

Die Seelsorge der Pfarrei Marienstatt, die in Absprache mit dem zuständigen Bistum Limburg von Marienstatter Mönchen ausgeübt wurde, und die Wallfahrt, die in Marienstatt seit 1486 bezeugt ist, übernahmen die Mönche nun ebenfalls. 1910 entstand eine Oblatenschule, aus der sich das heutige Private Gymnasium Marienstatt entwickelt hat. Mitten im Neuaufbau übertrug das Limburger Domkapitel Abt Dominikus im Jahr 1898 durch seine Wahl zum Bischof von Limburg eine große Verantwortung. Sie legt beredt Zeugnis ab für das Miteinander von Bistum und Kloster. Bischof Dominikus Willi fühlte sich immer als Zisterzienser und blieb bis zu seinem Tode 1913 dem Kloster sehr verbunden. Seinem Nachfolger, Abt Konrad Kolb, fiel nun die Festigung und der wirtschaftliche Aufbau von Marienstatt zu. Mühevoll musste die junge Klostergemeinde das nötige Geld verdienen, um die ihnen gehörenden Gebäude und Felder verwalten zu können; die Kirche gehört seit der Säkularisation der jeweiligen Landesregierung. Seit der Wiederbesiedlung baten immer wieder Männer in Marienstatt um Aufnah-

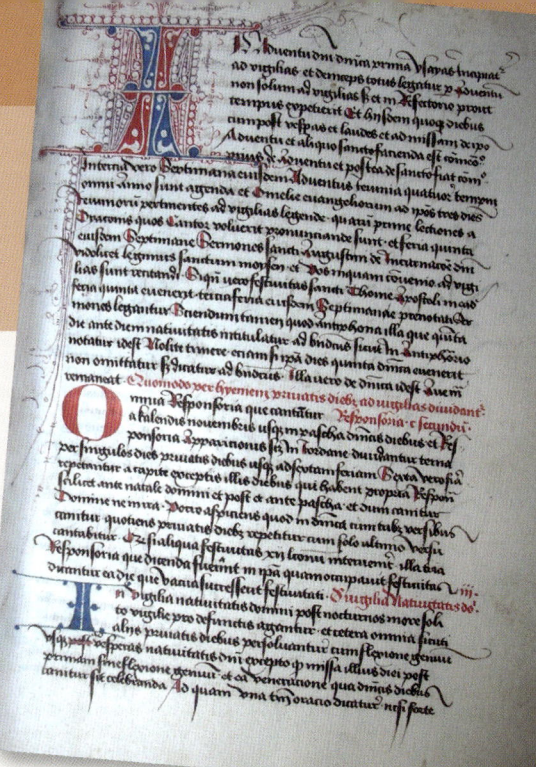

Reich verzierte Handschrift der Zisterziensergebräuche (15. Jh.) in der Klosterbibliothek

Säulen in der Abteikirche

me in den Ordensstand, ob als Mönche oder Konversen. Mehrere Priester fühlten sich in der Zeit des Neubeginns zum monastischen Leben als Zisterzienser berufen und traten ein, darunter der begabte Musiker Max Pamler, der spätere P. Dominikus, der vormals Domorganist in Passau gewesen war. Sie überließen der Klosterbibliothek ihre privaten Büchersammlungen, die zusammen mit den Nachlässen wissenschaftlich hochinteressierter Theologen eine beachtliche Spannbreite an wissenschaftlichen Themen abdeckt. Nach dem Ersten Weltkrieg und dem Tod von Abt Konrad Kolb 1918 wählte die Mönchsgemeinde P. Eberhard Hoffmann zum neuen Abt. Unter seiner Leitung konnte 1922 die Abtei Himmerod in die Marienstatter Filiation auf-

Das Dormitorium mit den Zimmern im Ostflügel des Klosters

genommen werden, nachdem sie durch Mönche aus Mariastern (Bosnien) wiederbesiedelt worden war. In die heute nach Brasilien (Itatinga) verlegte Abtei Hardehausen schickte Abt Eberhard nur wenige Jahre später, 1927, eine Gruppe von Marienstatter Mönchen und Konversen, die diese alte Zisterziensergründung wiederbeleben sollten.

Apostelfigur aus der Abteikirche, jetzt in der Klosterbibliothek

ZISTERZIENSERABTEI *Marienstatt*

Die neuere Geschichte

Die Verhältnisse in Deutschland nach der Machtübernahme durch die Nationalsozialisten brachten auch für Abt Eberhard Schwierigkeiten mit sich, die ihn 1936 zurücktreten ließen. Die Mönche wählten daraufhin P. Idesbald Eicheler, der bis 1971 der Klostergemeinde vorstand. Ungünstige Umstände haben in diesen Jahrzehnten das Wachstum des Klosters behindert. Einige Mönche und Konversen waren im Zweiten Weltkrieg gefallen oder blieben vermisst. Die Klosterschule musste 1946 aus dem Nichts neu aufgebaut werden. Schleppend wurden die überlebenden Kriegsteilnehmer aus der Gefangenschaft entlassen und konnten sich nur schwer

Kreuzweg neben der Abteikirche

wieder in den Klosteralltag eingewöhnen. Die Reihen der Konversen, denen als ausgebildeten Fachleuten die Leitung der Klosterbetriebe übertragen war, lichteten sich und neue Konversen kamen nicht. Deshalb musste die klösterliche Landwirtschaft 1971 ihren Betrieb einstellen. Im gleichen Jahr trat P. Thomas Denter die Nachfolge von Abt Idesbald an. Er leitete die Abtei 35 Jahre lang. Sein Nachfolger wurde im Jahre 2006 P. Andreas Range.

Heute wird der Garten innerhalb der Klosteranlage von Mitbrüdern in biologischem Anbau bestellt. Die

> *Wer ein geistlicher Mensch werden möchte, soll sich nicht vor allem mit dem Verstand den Dingen des Geistes zuwenden, sondern zuvor mit seiner Gemüts- und Liebeskraft; er soll erst entsprechend leben, ehe er darüber meditiert. Er soll sozusagen erst mit den Füßen einen Anlauf nehmen, ehe er sich mit den Flügeln in die Luft schwingt. Er kann ohnehin nicht ständig fliegen; deshalb ist es wichtig, dass er imstande ist, fest mit beiden Füßen auf dem Boden zu stehen.*
>
> •
>
> (Isaak von Stella: 10. Predigt)

Werkstätten werden meist von Mitarbeitern betreut, ohne deren Hilfe und Unterstützung die klösterliche Familie von Marienstatt nur bedingt lebensfähig wäre. Eine Neustrukturierung der Arbeitsbereiche hat die Buch- und Kunsthandlung, die Schule, die Energieversorgung durch Wasser- und Sonnenkraft und die Pilgergaststätte, das „Marienstatter Brauhaus", in jeweils eigene Wirtschaftsbetriebe umgewandelt, die den finanziellen Unterhalt sichern sollen. Etwa 20 Männer leben heute als Mönche in Marienstatt und stellen sich durch ihr Leben in eine lange monastische Tradition.

… das Haupt aber ist Christus – Die Spiritualität der Zisterzienser im Spiegel der Marienstatter Klosteranlage

Die vorausgehenden Seiten geben einen kleinen Einblick in die geschichtliche Entwicklung des Klosters, das geistliche Gebäude von Marienstatt konnte in nunmehr 800 Jahren heranwachsen. Die Zeugnisse dieses Wachs-

Verbringe deine Nächte damit, deinen Geliebten zu suchen. Doch was sage ich: deine Nächte? All deine Nächte sollen ganz und gar mit dieser Beschäftigung ausgefüllt sein. Keinen Aufschub, keine Ruhe gönne dir, bis dein Geliebter vor dir erscheint in seiner Herrlichkeit, bis er dich hell erleuchtet wie eine Lampe.

(Gilbert von Hoyland: Cant. 1,6)

Im Kreuzgang auf dem Weg ins Refektorium

tums sprechen auch heute noch eindrucksvoll von der Kraft und dem Geist des Evangeliums, die in den vergangenen Jahrhunderten an diesem Ort wirksam wurden. Marienstatt ist vor allem und wesenhaft der Lebensbereich einer zisterziensischen Gemeinde. Während diese Gemeinschaft in den ersten Jahrhunderten ihres Bestehens im engeren Bereich des Klosters – einer mittelalterlichen Dorfgemeinde nicht unähnlich – ein abgeschiedenes und relativ autarkes Leben führte und die Gäste, Pilger und Armen im Pfortenhaus geistlich und materiell betreut wurden, konnten in Marienstatt schon nach der Reformation im 16. Jahrhundert Besucher die Klosterkirche betreten und am Gottesdienst teilnehmen. Wer heute nach Marienstatt kommt, ob als Ruhesuchender, Beter, Pilger oder Tourist, der darf wissen, dass ihn die Klostergemeinde willkommen heißt. Dem Auftrag der Benediktsregel entsprechend nehmen die Mönche im Gast Christus selbst auf. Der folgende kurze Einblick in die geistliche Geschichte von Marienstatt soll dem Besucher im Namen der Klostergemeinde deshalb nicht nur die materiellen Schätze nahebringen, die diesen Ort auszeichnen. Er soll ihm vor allem eine Hilfestellung sein, die spirituellen Reichtümer für sich zu erschließen, die das christlich-monastische Leben und seine lange Tradition für alle bereithält.

Klostermauer mit Bewuchs

Segensandacht in der Abteikirche

*Du bist erhabener als
der Zedern edles Holz,
du Kreuz des Herrn,
an dem das Heil der Welt
gehangen, an dem Christus
triumphiert und der Tod
den Tod
in alle Ewigkeit
besiegt hat.
(Gesang zur
Kreuzverehrung
der Mönchsgemeinde
am Karfreitag)*

ZISTERZIENSERABTEI *M*ARIENSTATT

Die Abteikirche und ihre Geschichte in den ersten Jahrhunderten

Grundriss Abteikirche 1904

Das Herzstück des Klosters ist die Kirche, der Fachausdruck nennt sie „oratorium" – Stätte des Gebets. In Marienstatt ist sie gleichzeitig der älteste Teil der Abtei, dessen Baubeginn in die erste Hälfte des 13. Jahrhunderts zurückreicht. In drei großen Bauabschnitten wurde sie bis Ende des 15. Jahrhunderts errichtet und immer wieder erneuert und renoviert. Noch aus dem frühesten Bauabschnitt

bis 1300 stammt der bei der ersten Weihe der Kirche konsekrierte frühgotische Hauptaltar, an dem die Klostergemeinde werktags die Eucharistie feiert. Die Zisterzienser haben sich Jahrhunderte lang an eine ihnen eigene Ordnung für Messfeier und Gottesdienst gehalten, deren Zeremonien eine große Ehrfurcht widerspiegelt vor der Erhabenheit des Glaubens. Das Chorgestühl der Mönche, um 1300 entstanden, stand ursprünglich weiter westlich in den beiden ersten Jochen des Hauptschiffs. Die hier ihren Gottesdienst feiernde Mönchsgemeinde nimmt mit ihrem Beten und Singen an der himmlischen Litur-

Altarraum mit Hochaltar und Ursula-Retabel

Detailaufnahme einiger Sitze des Chorgestühls

gie teil. Die Berufung der Zisterzienser zu einem Leben in spürbarer Abgeschiedenheit war für sie niemals ein Schritt in eine heilere oder heiligere Welt. Die Klostergemeinde, die sich mehrmals am Tag und einmal am Ende der Nacht zum Gottesdienst versammelt, steht dort vielmehr als Gemeinschaft von Christen, die im Auftrag der größeren und weltweiten Kirche Gott auf eine Art und Weise dienen möchte, die nicht allen Menschen möglich sein kann. In der ursprünglich nur dem inneren Kreis der Klostergemeinschaft zugänglichen Kirche stand den Laienbrüdern ein abgetrennter Teil im Westen der Klosterkirche mit eigenem Altar und Chorgestühl zur Verfügung. Hinter einer Trennwand begann die Mönchskirche mit dem Gestühl der Mönche. Während die Laienbrüder auswendig einige Grundgebete bei ihrer Arbeit in Feld, Wald und Handwerk zu den Gebetsstunden rezitierten, waren die klassischen spätantiken, über den Tag verteilten sieben Gottesdienste und die längere nächtliche Gebetswache eine der Haupttätigkeiten der Mönche. Neben der Lesung der Heiligen Schrift und der Kirchenväter und der Arbeit für ihren Unterhalt, denen ebenfalls mehrere Stunden vorbehalten waren, entsprach die unbedingte Ausrichtung auf Gott der Berufung, die die Zisterzienser für sich erkannt hatten. Die Mönche des 21. Jahrhunderts wissen sich in diese Tradition gestellt, selbst wenn ihr Tagesablauf die heutigen Gegebenheiten berücksichtigen muss. Die beständige Ausrichtung des klösterlichen Menschen

Klösterlicher Tagesablauf

5.10 h Frühgottesdienst: Vigil und Laudes
5.45 h Eucharistiefeier, danach:
      Zeit für persönl. Gebet, Lesung,
      Frühstück – Arbeitsbeginn
12.15 h Mittagsgebet: Sext
12.30 h Mittagessen, ggf. Mittagsruhe,
      danach: Arbeitszeit
17.00 h Lesung
17.30 h Abendgottesdienst: Vesper
18.00 h Abendessen
18.30 h Zusammenkunft der Gemeinschaft
      – „Rekreation"
19.00 h Gottesdienst zur Nacht: Komplet
      mit den Nokturnen des nächsten Tages

Der Pelikan opfert sich für seine Jungen. Abtsstalle im Chorgestühl

auf Gott formt sein Lebensumfeld in erheblichem Maß. Das Chorgestühl mit seiner schönen Abtsstalle und einigen sogenannten Drôlerien wurde im beginnenden 14. Jahrhundert relativ schmucklos im damals verbreiteten Stil angefertigt. In einem nur wenig jüngeren Schnitzwerk von großer Schönheit findet es seine geistliche Fortsetzung, es ist der heute viel beachtete Reliquienschrein, der seit 1969 hinter dem Hauptaltar Aufstellung gefunden hat. Dieses sogenannte Ursula-Retabel wurde um 1350 in einer Kölner Werkstatt geschnitzt, um Reliquien der hl. Ursula und ihrer Gefährtinnen aufzunehmen. Der Künstler hat den Schrein so konzipiert, dass er die irdische mit der himmlischen Kirche und ihrem Bräutigam Christus vereint, der seine Mutter Maria durch die Krönung verherrlicht. Man weiß nicht mehr, wo dieses Reliquienretabel ursprünglich seinen Platz hatte. Jeden-

falls erinnert es die heutigen Beter daran, sich immer neu in die lange Reihe der Bekenner Christi und seiner Botschaft zu stellen. Die Gottesmutter Maria, die Apostel und die Heiligen sind unsere Fürsprecher auf dem Weg zu Christus. Im Ursula-Retabel sehen wir sie als Verherrlichte, die mit uns zusammen die himmlische Liturgie feiern. In der Pietà, die 1947 im südlichen Seitenschiff in einer eigenen Kapelle Aufstellung fand, ist die Jungfrau Maria als trauernde Mutter dargestellt, die ihren geschundenen, toten Sohn und Erlöser im Schoß hält und betrachtet. Das Bildnis entstand im frühen 15. Jahrhundert, als die Pest im Land wütete. Seither wird es in Marienstatt verehrt – nicht zuletzt, weil die Beter in Zeiten der Bedrängnis und Verzweiflung

Pietà

Trost daraus schöpfen können, dass Gott den Menschen durch Leiden und Tod erlöst. Die Schmerzensmutter von Marienstatt lenkt den Blick auf die Wunden ihres Sohnes, die bereits die Herrlichkeit der Auferstehung in sich tragen. Während im Mittelalter in Marienstatt das Jahresgedächtnis der Kirchweihe und die Oktav von Fronleichnam hauptsächlich als Pilgertage in Erscheinung traten, ist es heute vor allem die Schmerzhafte Mutter, die von zahlreichen Betern um Fürsprache bei ihrem Sohn angerufen wird. Die unzähligen Kerzen, die täglich vor dem Bildnis der Gottesmutter angezündet werden, brennen in den Anliegen der vielen Menschen, die ihre Nöte dem Herzen Mariens anvertrauen.

Frühgotische Piscina und barocker Beichtstuhl im südlichen Seitenschiff

In der Marienstatter Abteikirche hat man sich während der langjährigen Sanierungsarbeiten zwischen 2001 und 2007 dafür entschieden, im südlichen Seitenschiff, in der auch die Gnadenkapelle mit der Pietà ihren Platz hat, neben den Seitenaltären die Beichtstühle aufzustellen, die zusammen mit den Klausurgittern im vorderen Bereich des Hauptschiffs aus der Barockzeit stammen.

Detailaufnahme eines barocken Klausurgitters im südlichen Seitenschiff

ZISTERZIENSERABTEI *Marienstatt*

Die Abteikirche in der Barockzeit

In der ersten Hälfte des 18. Jahrhunderts wurde die gesamte Kirche mit zahlreichen Nebenaltären und Bildnissen ausgeschmückt. Hinter dem mittelalterlichen Hauptaltar erhob sich ein hoher Aufbau, der bis ins Gewölbe reichte und mit den Figuren der Stifter des Klosters, der Ordensväter und einiger Heiligen geschmückt war. Die Darstellungen der zwölf Apostel, die heute in der Bibliothek des Klosters stehen, waren im Hauptschiff an den Säulen aufgestellt.

In der Klosterbibliothek

Zahlreiche Heilige und Engel sollten den Betern in barocker Art vermitteln, was im Kirchengebäude Wirklichkeit wird: dass sich Himmel und Erde hier tatsächlich berühren. Die Künstler und Handwerker der vergangenen Jahrhunderte wollten nicht mit ihren Werken in Verbindung gebracht werden. Nur wenige Namen sind überliefert, die den Kunstwerken in der Abteikirche zugeordnet werden können. Auch die Vertreter des Hadamarer Ba-

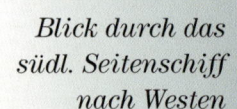

Blick durch das südl. Seitenschiff nach Westen

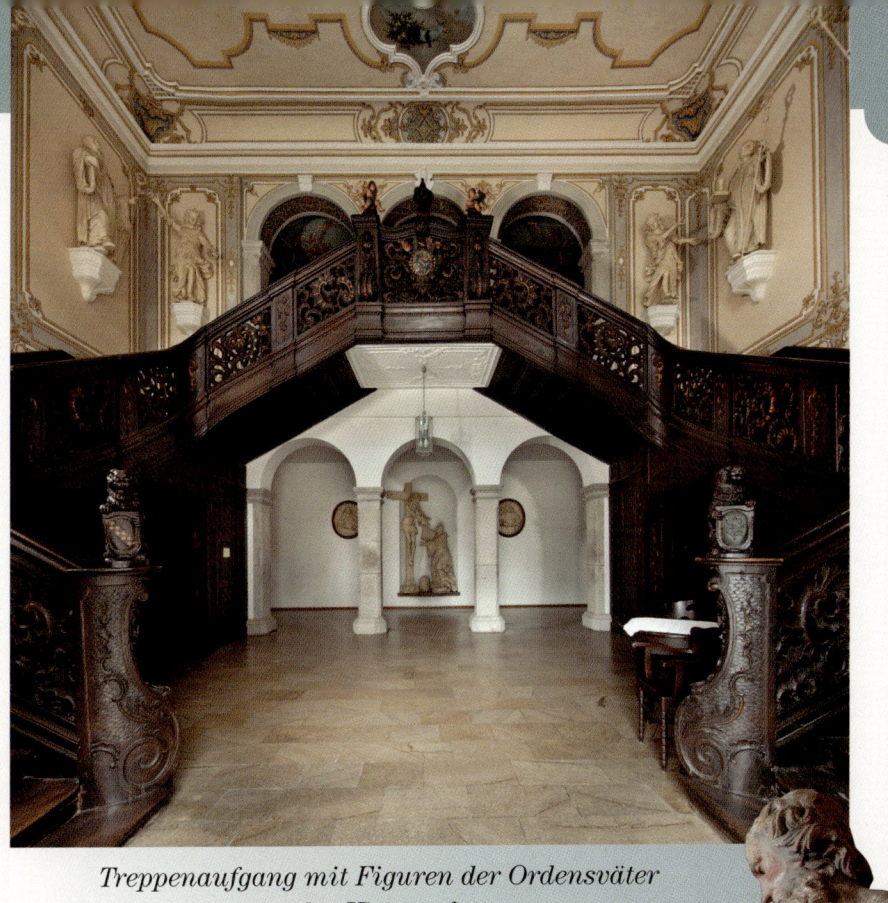

*Treppenaufgang mit Figuren der Ordensväter
an der Klosterpforte*

rock hielten es nicht anders, als sie für Marienstatt arbeiteten. Nach der Entfernung des größten Teils der Barockausstattung nach 1881 und der Versetzung dreier kunstvoller Nebenaltäre, die heute in der Flucht des Gnadenaltars stehen, wurden viele Figuren im Klostergebäude aufgestellt, so bei der heutigen Pforte (die Ordensväter und einige Heilige und Engel), in der Bibliothek (die schon erwähnten Apostel) und im Kreuzgang (die Gottesmutter aus dem Hauptaltaraufsatz, die Stifter und weitere Heilige).

ZISTERZIENSERABTEI *Marienstatt*

Die Abteikirche nach der Wiederbesiedlung

Nachdem Marienstatt 1888 wiederbesiedelt worden war, konnte man auch die dringend notwendige Sanierung der Kirche abschließen. Dabei wurden einige Fenster (und nicht mehr vorhandene Nebenaltäre) im neugotischen Stil erneuert. Im Zuge einer größeren Revision der Innenhaut nach dem Zweiten Weltkrieg hat man schließlich das Chorgestühl grundlegend verändert, die nach Osten schauenden drei Stallen einer jeden Seite in eine Flucht mit den übrigen Stallen gesetzt und die alte Teilung der Kirche in ein Mönchs- und ein Gemeindeschiff aufgegeben. Diese Aufstellung wurde auch nach der jüngsten Sanierung beibehalten. 1969 konnte die Innenausstattung durch die große Riegerorgel ergänzt werden, die den Gesang stützen und begleiten soll. Das schlichte Grabmal des Grafen Alexander von Hachenburg an der südlichen Westwand der Kirche bezeugt die bislang letzte Bestattung eines Förderers von Marienstatt im Kirchenraum. Zahl-

reiche ältere Grabsteine, nunmehr zum Teil in die Wände eingelassen, erinnern an den frommen Brauch, Mitglieder der Stifterfamilien oder Äbte „in der Nähe der Altäre" zu bestatten und sie dadurch eindringlicher dem Gebet der Gottesdienstgemeinde zu empfehlen. Das aus konservatorischen Gründen im nördlichen Querschiff stehende Hochgrab des Grafen Gerhard von Sayn und seiner Gattin Elisabeth von Sierck ist eine sehr gelungene Arbeit des ausgehenden 15. Jahrhunderts. Es ist gleichzeitig das

einzige historische Hochgrab, das in der Kirche von Marienstatt Aufstellung gefunden hat. In jüngster Zeit hat der Künstler Wilhelm Buschulte schlichte Fenster für den Altarraum und den Kapellenkranz geschaffen, die während der Innensanierung eingebaut wurden. Leo Zogmayer entwarf den Pfarraltar, die beiden Ambonen und die Sitze der Altardiener. Der Gemeinde soll dadurch eine bessere Mitfeier der Liturgie ermöglicht werden. Die Formgebung möchte Elemente der zisterziensischen Spiritualität aufgreifen und für die transzendente Wirklichkeit durchlässig sein, die in der Liturgie sichtbar werden soll.

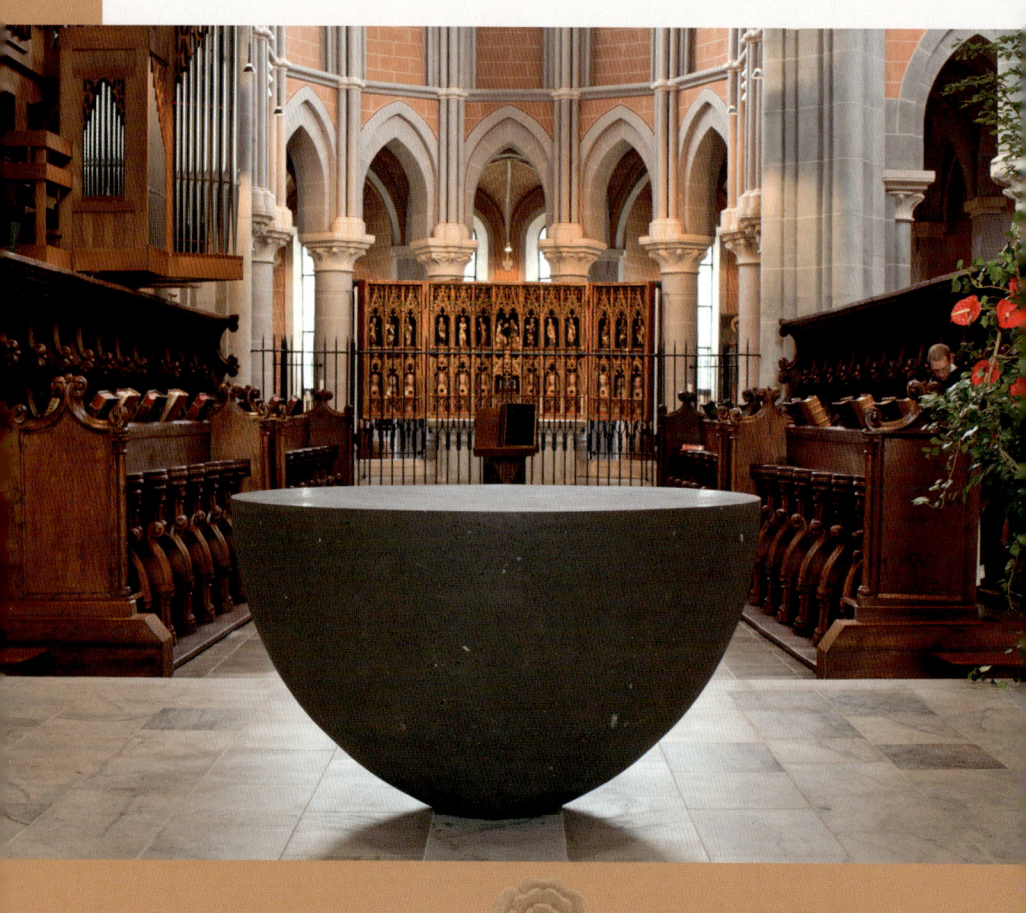

ZISTERZIENSERABTEI *Marienstatt*

Die Kirche von Marienstatt als typische Zisterzienserkirche

Am Beginn der langen Baugeschichte der Abteikirche von Marienstatt steht eine geistliche Gemeinschaft mit dem ihr eigenen Profil. Die Baumeister hatten bei der Planung des Kirchengebäudes im damals üblichen (früh-)gotischen Stil nur wenige Änderungen am gültigen Idealplan einer Kirche vorgenommen. Schon zu Anfang des 12. Jahrhunderts hatten die Zisterzienser Bauvorschriften erlassen, deren Auswirkungen auch in Marienstatt zum Tragen kommen. Wer heute durch das Westportal in die Kirche eintritt, sieht einen langen, hellen und schlichten Raum, der den Blick unwillkürlich in die Apsis lenkt. Die einfachen Kapitelle der Säulen und die profilierten Gewölberippen heben sich durch ihre grauen Farbtöne vom erdfarbenen, rötlichen Putz ab. Nur im ersten und wichtigsten Bauabschnitt, dem Altarraum, sind die

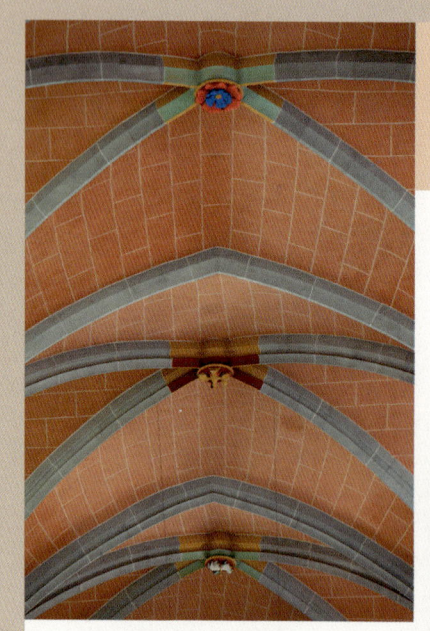

Gewölbe des Kirchenschiffs mit farbigen Schlusssteinen

Gewölberippen ockerfarben abgesetzt. Diese zurückhaltende Umsetzung der Gotik entspricht den Vorgaben des Ordens: Nichts sollte den Mönch von der Gottsuche ablenken, auch ein mit Skulpturen geschmückter Kirchenraum nicht. Der Einfachheit entsprach die Wahl der Materialien, die normalerweise der Nähe des Baugrunds entstammen. Selbst die Fenster, obwohl nach barockem Vorbild erneuert, entsprechen heute noch dem zisterziensischen Baukodex, da sie größtenteils einfarbig gehalten sind.

Kapitelle und Gewölbe eines Seitenschiffs der Abteikirche

ZISTERZIENSERABTEI *Marienstatt*

Das Kloster - der Lebensraum des Mönchs

Der Neubau des Klosters im 18. Jahrhundert sieht sich als Fortführung der mittelalterlichen Anlage. Um einen hellen Kreuzgang, der als Ort von Gebet und Lesung früher einer der meistfrequentierten Aufenthaltsorte war, gruppieren sich die Gemeinschaftsräume, die schon die Benediktsregel vorsieht: der Kapitelsaal, in dem die Klostergemeinde zu geistlichen Vorträgen und Lesungen zusammenkommt, und das Refektorium, in dem die Gemeinschaft ihre Mahlzeiten einnimmt. Jede Mahlzeit ist Fortführung der Liturgie. Deshalb kennt auch das gemeinsame Mahl seine Riten, deshalb wird bei Tisch vorgelesen. Im wöchentlichen Wechsel bedient je ein Mönch seine Mitbrüder bei der Mahlzeit, ein anderer versieht den Dienst des Lesers. Der Mikrokosmos eines Zisterzienserklosters muss immer wieder vor Verzerrungen geschützt werden. Jahrhunderte lang hat sich das Mönchtum mit zahlreichen Ideologien und Modeerscheinungen auseinandersetzen müssen. Eine der größten Versuchungen war und ist vielleicht, die Unverzwecktheit des monastischen Lebens mit an sich

Prozession der Mönchsgemeinschaft im östlichen Kreuzgangflügel

Der Kapitelsaal mit dem Sitz des Abtes in der Mitte und den sich anschließenden Bänken für die Mönche

Brüder, das soll auch eure Lebensform sein, das Richtmaß für euer Leben auf Gott hin: in Gedanken und in der Sehnsucht bei Christus im ewigen Vaterland zu leben, und zugleich auf dieser mühsamen Pilgerreise keinen Dienst der Liebe um Christi willen zu verweigern.

•

(Isaak von Stella: 12. Predigt)

Es ist die Eigenart des Herrn Jesus, seinen Reichtum eher denen zu enthüllen, die nach ihm fragen, als denen, die über ihn diskutieren. Ihm ist es eigen, das Hören reicher zu belohnen als das Sprechen, und oft werden diejenigen, die das Wort Gottes hören, mit mehr Glück gesegnet als diejenigen, die es verkünden.

•

(Johannes von Ford: Hoheliedpredigt, 1,3)

Sinnvollem füllen zu wollen und die oft genug als bedrückend empfundene Leere beiseite zu schieben, die Gott sich vorbehalten möchte. Obwohl der mittelalterliche Tag in einem Mönchskloster randvoll gefüllt war mit Gebet, Lesung und Arbeit, stellte sich damals die gleiche Frage nach dem Sinn eines solchen entbehrungsreichen Lebens. Heute akzentuiert sich diese Frage anders. Der Tag hat eine weniger dichte äußere Struktur. Die Zeiten für Gottesdienste, Gebet, Lesung und Arbeit sind konzentriert und weniger minutiös geregelt. Die Frage heute lautet: Hat Gott trotz der Vielzahl an Aufgaben und Diensten in unserem Kloster den Vorrang?

ZISTERZIENSERABTEI *Marienstatt*

Das Kloster – ein Gotteshaus

Im Grunde hat die Mönchsgemeinschaft von Marienstatt auch heute noch eine dörfliche Infrastruktur. Das Kloster muss verwaltet und erhalten werden, in Garten, Werkstätten, Schule und Pfarrgemeinde wartet immer Arbeit, die Kranken müssen versorgt, junge Mitbrüder müssen in das Mönchsleben eingeführt und begleitet werden, der Abt als Hirte an Christi Statt hat die Seelsorge in der Klostergemeinschaft sicherzustellen, Pilger, Touristen und die Gäste des Klosters wollen betreut sein. Neben diesen strukturellen Verpflichtungen steht die geistliche Ausrichtung der Gemeinschaft. Den geistlichen Leib bilden die Mönche, die den ihnen zugewiesenen Platz in der Gemeinschaft einnehmen und ausfüllen. Nicht weniger wichtig als diese geistliche Struktur ist die liturgische: Das Kirchenjahr mit dem Oster- und Weihnachtsfestkreis, den Festen des Herrn, der Gottesmutter und der Heiligen und dem immer wiederkehrenden Rhythmus der Gottesdienste und liturgischen Feiern. Das gemeinsame Gebet findet seine Fortsetzung im persönlichen Gebet des Einzelnen und in der Lesung der Heiligen Schrift. In den Büchern des Alten und Neuen Testaments spricht der dreifaltige Gott zum Menschen. Den Zisterziensern war diese Lesung so wichtig, dass sie ihr im Tagesablauf mehrere Stunden einräumen wollten. Es gehört zu den großen Geschenken der frühen Zisterzienser an den heutigen Menschen, dass sie ihre intensive und persönliche Gottesbeziehung in Worte fassen mussten und schriftlich niedergelegt

„Bringt dar dem Herrn Herrlichkeit und Ehre" (Ps 28(29),2), Gold, Weihrauch und Myrrhe zum Begräbnis. Doch ein Jünger Christi hält mir entgegen: „Ich habe weder Gold noch Silber, und auch keine Säcke mit solchen exotischen Dingen wie Myrrhe und Weihrauch." Trittst du denn etwa mit leeren Händen vor den Herrn? Willst du die Krippe des neuen Königs etwa nicht durch ein Geschenk ehren? Du reiche Armut! Du entblößter Überfluss! - Doch nur, wenn du als Christ und freiwillig so handelst!

•

(Guerric von Igny: S. Epiph. I,1)

haben. Heilige aus dem Zisterzienserorden, wie Aelred von Rievaulx, Wilhelm von Saint-Thierry, Gilbert von Hoyland, Isaak von Stella, Gertrud von Helfta und Mechtild von Hackeborn, haben es schon zu ihrer Zeit verstanden, ein authentisches monastisches Leben und die ihnen je eigene Berufung im Licht des Evangeliums zu sehen. Das Leben als Mönch macht nur dann Sinn, wenn es ein Leben aus dem Geist des Evangeliums ist. Papst Paschalis hat den ersten Zisterziensern im Jahr 1100 einen Wunsch mit auf den Weg gegeben, der heute nicht zutreffender formuliert werden könnte und uns allen gilt: „Bemüht Euch stets, die Gottesfurcht und Gottesliebe in Euren Herzen zu tragen, dass Ihr mit allen Kräften des Leibes und der Seele um so mehr wünscht, Gott zu gefallen, je freier Ihr vom Lärm und Vergnügen der Welt seid. (…) Allen aber (…) werde der Friede unseres Herrn Jesus Christus zuteil, damit sie hier die Frucht ihres guten Tuns empfangen und beim gerechten Richter den Lohn des ewigen Friedens." (Aus dem Privilegium Romanum)

Nach der Vesper im Kreuzgang

Ich gebe zu: Ich habe schon mehr empfangen, als ich verdiene; aber weit weniger, als ich ersehne. Mich drängt die Sehnsucht, nicht die Vernunft.

•

(Bernhard von Clairvaux:
9. Hoheliedpredigt, 2)

„Sei eine Brunnenschale,
keine Rinne!"

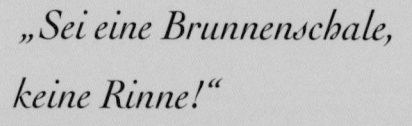

Hl. Bernhard von Clairvaux

ISBN: 978-2-7468-2757-8

TRAUNER VERLAG
UNIVERSITÄT

REIHE C:
Technik und
Naturwissenschaften

58

Josef Langer

Testing, Tracing und Debugging bei Embedded Systems

Schriften der Johannes-Kepler-Universität Linz